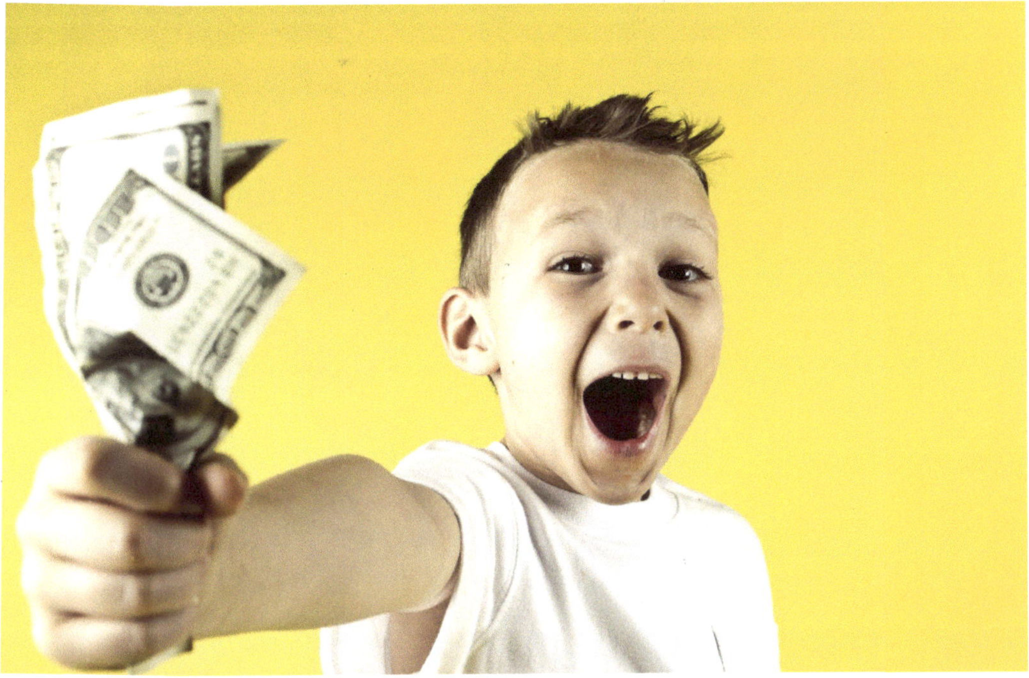

DFSolutions

4ème édition, october 2019

Dédié à...

Ce livre que je dédie à tous les gens qui ont essayé de "duper" moi pendant ma vie, grâce à eux, j'ai appris comment tourner pour "duper" eux...

Synthèse

Pourquoi nous ne pouvons pas être tous riches? Pourquoi nous ne pouvons-nous pas tous être riches comme Mark Zuckerberg, qui (à 34 ans) possède un héritage d'environ 55 milliards USD? Pourquoi nous ne pouvons-nous pas être comme lui? ...mais surtout, pourquoi nous n'intéresse rien?

Nous pouvons oublier tous ces ultra-milliardaires et vivre dans 10% plus riche de la planète en poursuivant simplement nos vies avec quelques précautions importantes. Conduis-toi dans le club de haute-valeur nette individuelle (HNWI - high-net-worth individual en anglais). Ce n'est pas le "ordures" du YouTuber, l'entrepreneur avec le système « Ponzi », ou le rôle de grand bravade qui te fera vivre dans le luxe...

Lorsque tu tiens les rênes de ta vie, **conscients** de la **voie saine** de conduite personnel, professionnel, financier, patrimonial, la croissance intellectuelle, etc. tu te peux bien définir comme un homme qui vit dans le luxe, respecté et admiré... et c'est la seule chose de base à savoir.

J'irai à te guider sur le méthode de FAIRE LEVIER avec les outils indispensables que la vie ordinaire t'offre déjà...

INDEX

DÉDIÉ À... III

SYNTHÈSE IV

INDEX..V

CHAPTER 1 INTRODUCTION AU CHANGEMENT 6
    1.1 FAIRE LEVIER SUR LES SOURCES DISPONIBLES 6
    1.2 RESET ET ...RESTART!..10

CHAPTER 2 RENDS-TOI PLUS FORT 13
    2.1 TON BIEN-ÊTRE ET TA APPARENCE PHYSIQUE 13
    2.2 TES EXERCICES 17
    2.3 TA ACTIVITÉ 20

CHAPTER 3 LE LUXE DES OBJETS...27
    3.1 TON GARDE-ROBE 27
    3.2 TA VOITURE 34
    3.3 TA « HOME SWEET HOME » 37

CHAPTER 4 LE LUXE DU TEMPS-LIBRE...41
    4.1 TES VACANCES 41
    4.2 TES AMIS 44
    4.3 L'AMOUR 46

CHAPTER 5 COMME FAIRE DE ...L'ARGENT! 49
    5.1 MEMO POUR LA PERSONNE RICHE 49
    5.2 LE SUCCÈS FINALE 50

SITES INTERNET UTILES ET DE PLUS ENCORE...53

CHAPTER 1
INTRODUCTION AU CHANGEMENT

1.1 Faire levier sur les sources disponibles

Pourquoi nous ne pouvons pas être tous riches? Pourquoi ne pouvons-nous pas tous être riche comme Mark Zuckerberg, qui (à 34 ans) possède un héritage d'environ 55 milliards USD? Ou comme Larry page & Sergey Brin, Larry Ellison ou Jeff Bezos? ... dont plupart ont été enrichis avec la "Gig economy", ou plutôt avec l' "économie à partager" qui, comme très souvent se produit, chacun des utilisateurs devient un travailleur sans contrat en échange d'un "petit service" d'hébergement web pour entrer dans le (leur) réseau (ou web d' 'aragne'...).
Eh bien,... les raisons sont différentes et beaucoup. Il y-a à dire une vérité, qui peut plaisir ou non, cette vérité est que ne pas tout le monde devenir milliardaire. Il y a des facteurs physiques, temporels, environnementaux, géographiques, culturels, et beaucoup d'autres facteurs plus petits qui sont en concurrence pour rendre quelqu'un millionnaire ou non. N'est pas étonnant si on entend que certains millionnaire que leur idée, leur produit, leur usine est à un certain point "explosé" de ventes, de profits, dans le nombre de clients. Ils étaient simplement au bon endroit et au bon moment pour obtenir ce mélange parfait qui les est servi à leur faire devenir riches. Donc, s'est ne pas étonnant si

quelqu'un souffre plus de faiblesses ou est plus enclin à souffrir de stress que d'autres personnes. Et, également, ne devrait pas être étonnant si une idée que ce serait un échec dans une zone géographique elle devient exceptionnel dans un'autre. Comme n'est pas étonnant si Mark Zuckerberg est devenu meilleur en créant son réseau-social aux Etats-Unis, dans le moment historique où MySpace est devenu de plus en plus un mélange entre lé avec les sites de rencontre et "personal-blog" réseau-sociaux. Et toi aurais pu facilement devenir un de ces milliardaires si tu étais arrivé dans cette situation, entraînée par des circonstances, entraînée par <u>tes ambitions</u>.

Tu n'es pas devenu simplement parce que votre système est fondée dans des circonstances différentes, mais tout aussi exploitable pour obtenir **<u>ta</u>** petite/grande **<u>tranche de richesse</u>**.

Et donc,... Rien à foutre de ces super milliardaires! Tu peux gérer ton destin en toute sécurité de la meilleure façon, même si tu restes là où tu es. Tu peux en toute sécurité atteindre votre indépendance économique et réussir dans le monde du travail, en utilisant simplement le meilleur ce que toi possédez déjà et ensuite être privilégié d'être dans le top 10% des plus riches du monde. ...<u>est-t-il un vrai privilège de luxe?!</u>

Le succès peut venir, et il viendra avec beaucoup de patience et de sueur,... Tu dois être découragé? **JAMAIS!** Non, parce que l' "immédiatement et facile" n'existe pas et, à la fin, ce n'est pas ce que tu cherches vraiment... et fais attention de ceux qui te proposes la cyber finance, le marketing en ligne ou d'autres professions à plusieurs niveaux qui toi promettent de gagner 10'000 euros par jour... Être riche ne signifie pas cela,... être riche signifie la stabilité financière et l'indépendance économique des autres, une position de respect et de liberté vers le système dans lequel nous sommes tous immergés. Oui, tu peux vivre paisiblement une vie de luxe, sachant que ce condition est seulement réservée qu'aux privilégiés 10% plus riches que notre planète...

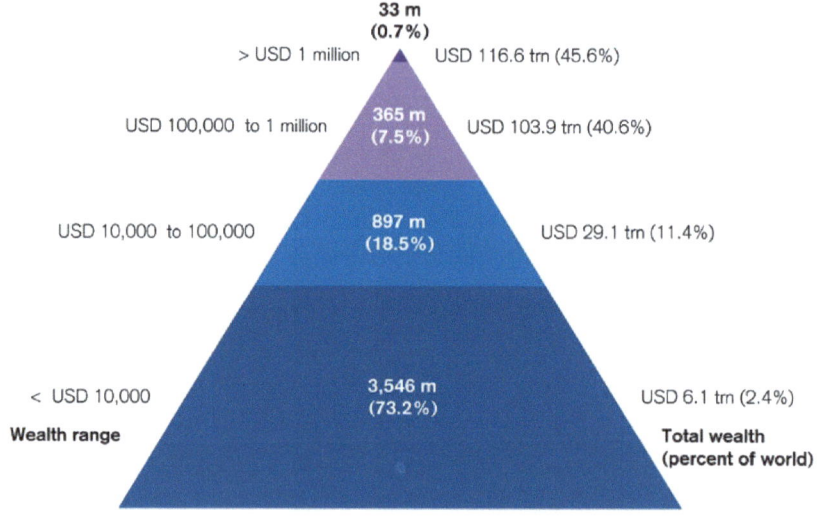

Donc, oublie tous ces millionnaires dont, à la fin, nous nous avons rien à partager ni aucun soucis de leur vie, et, donc, nous sommes confortable de vivre juste dans ce 10% plus riche sur la planète tout simplement poursuivant votre vie avec quelque précaution importante. En fin de partie, celui qui toi rendra riche ne sera pas la somme d'argent que votre entreprise vaut (en fait, les millionnaires sont calculés sur la valeur de leurs actifs, qui coïncident en grande partie avec la valeur de leurs entreprises), mais sera le mode de vie, le bien-être, l'indépendance économique, le plaisir de la sécurité, la connaissance des idées... et tout cela est un luxe pour quelques-uns.

Votre style de vie luxueux peut en fait devenir réalité tout simplement tirer parti d'une quantité de richesse, de connaissances et d'argent que tu possèdes déjà, mais tu n'arrives pas à l'exploiter au 100%. Comme je t'ai expliqué, tu dois faire attention aux faux-avis comme l'"arnaque" du trading en ligne, les ventes pyramidales, la richesse du "bon-bavard" sur YouTube ou les télé-achats... JAMAIS! Ce n'est jamais l'"arnaquer" les autres qui toi fera vivre le luxe... mais l'effet de levier des choses que tu possèdes déjà, tes économies, tes rêves, qui augmentera tes revenus. Profite-bien de ta potentialité.

Et souviens-toi toujours que **épargner = gainer**... et gagner te permettras d'accéder au bien-être et au petit luxe que tu désires. C'est pareil pour les idée, la manière de penser, l'apparence physique et la route sécure des chose à faire.

Donc, quand tu tiens les rênes de ta vie, conscient de la voie saine dans le domaine personnel, professionnel, financier, patrimonial, de la croissance intellectuelle, etc. tu peux très bien t'appeler un homme qui vit dans le **luxe**. Et je vais à te dire un secret: beaucoup de "riches" ne savaient pas ce qu'est ce luxe... beaucoup d'eux sont tout simplement des parvenus, enrichi sans savoir même pourquoi, sans sagesse et savoir-faire.

Nous allons à voir comment commencer, étape par étape, pour construire une nouvelle vie, pleine de joie, de richesse et de bien-être en faisant levier avec les petites choses que tu as déjà! Profite de ce que la vie t'offres... **le plus possible** (!) pour obtenir plus de résultats et tu verras comment, petit-à-petit, tu te retrouveras dans une position de bien-être qui fera envie à l'autre 90% du monde entier. Avec honnêteté, dignité et persévérance.

1.2 Reset et ...restart!

Tout d'abord, jette tout, ou vende tout ce que tu n'as pas plus besoin. Il existe de nombreux sites en ligne, les marchés utilisés, les vendeurs et les magasins d'antiquité ou la vente d'articles vintage qu'ils peuvent acheter tout ton stock et le matériel que tu n'utilises plus et qu'il est uniquement destiné à remplir les greniers. Vende-les et monétise-les. Ce ne sera pas une grande somme mais quand-même sera un premier pas vers ta 'indépendance' économique.
Puis commence à te débarrasser de toutes les autres choses inutiles, que tu n'utilises plus, qui encombrent ton espace et sont juste un lointain souvenir des fêtes, des amitiés ou des événements de ton vieux passé. Débarrasse-toi de tous les choses inutiles, débarrasse-toi de ces chaînes du passé et garde que l'essentiel, ce que tu sens utile dans ton chemin de croissance, ou ce qu'est déjà tout à l'heure vraiment utile pour redémarrer ta vie. Il suffit donc de garder que les éléments de base qui te font seulement rappeler qui tu es, ton caractère. Tous les autres, toutes les autres choses qu'elles te sont été collé, tu le peux facilement libérer sans aucun remords. Débarrasse-toi de toutes ces choses-là aujourd'hui et termine avec elles. Il ne te faudra pas que quelque heure pour choisir ce qu'il faut garder et ce qu'il faut jeter... tu verras qu'il y a beaucoup de choses à oublier et, à la fin, seulement une très petite partie des choses que tu as besoin dans ton parcours de croissance est vraiment utile POUR TOI.

Ensuite, tu dois également te débarrasser des cliches, des lieux communs et des stéréotypes. Très souvent, nous sommes victimes d'actions, de choix, d'habitudes du passé, que nous réalisons sans savoir pourquoi. **Eh bien:** la première étape est juste de se débarrasser de lui. Rien de plus simple. Libère-toi d'un morceau aujourd'hui, débarrasse-toi d'un morceau demain... et continue jusqu'à ce que tu auras que l'**essentiel**. Oui,... un changement radical, laissant tout le superflue et s'éloignant de toutes les choses inutiles que la vie et la société t'entoure.

Tu te sentes plus léger pensant déjà que tu as jeté la photo de ta ex-petite amie? Que tu as cessé de fouiner sur Facebook ce qui fait votre vieux camarade si détesté à école? Tu te sens déjà mieux maintenant que tu as terminé avec le club de "Boy Scout" que tu n'as jamais aimé, et aussi ne savais même pas pourquoi tu es tombé dedans ledit club? ...et est-ce qu'il passe avec ce faux ami qui se ne se souvient même pas de votre anniversaire? Oui... **BRAVO:** jette tout le choses inutiles. Jette ce qu'ont-te dit de porter, jette ce surnom ou ce modèle que d'autres t'avaient fait penser d'être. Ne perdre pas de temps,... le temps courir, le temps est de l'argent, le temps sont des occasions qui courent à... des OPPORTUNITÉS (tout de suite!) et laissez votre passé derrière. Maintenant tu es un train qu'il court à la réussite! Bon! Bien joué!

Après avoir libéré toi-même de tout et tous ceux que tu n'as pas besoin dans ta vie, tu peux enfin commencer ton chemin de vie, ce que tu as tant désiré et que pour 1000 raisons que tu n'as jamais voyagé. "Ce n'est pas le bon moment" "je ne me sens pas bien", "je ne suis pas prêt", etc. ...<u>conneries!</u> Après que tu auras laissé tous les poids mentaux, induits et conditionnés par des choses du passé, par des faux-amis, tu seras en mesure de prendre en charge les rênes de ton destin!

CHAPTER 2
RENDS-TOI PLUS FORT

2.1 Ton bien-être et ta apparence physique

Le bien-être et l'apparence physique doivent être au premier place. Oui, parceque si tu veux changer ta vie, tu devrais te concentrer sur le bien-être physique et, tu verras, ce bien-être se transformera aussi en bien-être mental. "*Mens sana in corpore sano*" (esprit propre dans un corps propre) comme ils disaient les latins. Et c'est vrai! On peut dire qu'il existe une réelle corrélation entre le bien-être physique et le bien-être mental, et, en effet, nous obtenons toute la force des idées qui nous permettent d'améliorer, jour après jour, notre (votre) avenir.

En fait, ton bien-être physique te mènera à une concentration plus élevée d'endorphines, des hormones, une diminution des acides, etc. et il y a tellement de choses qui s'améliore avec une activité physique correcte et constante. Cette activité devra être effectuée régulièrement afin d'un bénéficier.

Un deuxième pas vers le bien-être physique est l'alimentation. Oui, en fait, comme le montre un grand nombre de statistiques, recherches, sondages, livres, programmes, etc. La plupart des avantages que le corps peut dériver est due à la bonne et saine alimentation. Évite le fast-foods... et si tu peux aussi les restaurants, bars, caféteries et tout ce que tu trouves à l'extérieur de votre cuisine à bas prix ou "juste pour enlever le Caprice". Non, non, et puis non! Ils sont très préjudiciables à votre santé et aussi à vos poches. Il est en fait comme Overt, un mode de vie égal (sportive, semi-sportive, semi-sédentaire, sédentaire, etc.) la nourriture des jeûnes-nourritures (comme McDonald, KFC, etc.) augmentent des maladies de foie, augmente le cholestérol et les graisses en raison des substances huileuses, des matières premières de basse qualité, et les sauces qu'on peut trouver. Sans parler de peu de temps mis à disposition pour s'asseoir et manger avec le reste qui doit être.

donc, commence doucement (donne-toi 45 jours), pour améliorer ta alimentation

Ne commence pas à manger ou manger différemment de ce que tu as été habitué à partir d'ajour hui à demain parce que 1. c'est impossible, et, 2. il a des effets contre-productifs. Évite les faux mythes. Commence par le bon rythme, jour après jour, avec la réduction du sel, la réduction du sucre, la réduction des glucides transformés et, au lieu, augmente les viandes blanches, l'augmentation des légumes et des fruits.

Fais une alimentation équilibrée, avec une attention particulière à prendre des protéines, qui sont la bonne source pour améliorer les muscles. Essaye si tu peux, une fois par semaine, de sauter le repas de la soir parce-que il augmente les levels de testostérone et donne plus d'énergie pour lendemain. Commence ta nouvelle alimentation tout suite, et suivre-la pour au moins 120 jours,... après il sera assimilé dans votre routine quotidienne, et ce déviera ton style de vie. Parce qu'après une période d'assimilation le régime, comme beaucoup d'autres nouvelles choses que tu trouve, commencera à devenir une bonne habitude, à devenir la normalité.

Pour rendre effectif le régime alimentaire sera nécessaire lui accompagner avec une activité physique saine et régulière. Tu les peux également les faire gratuitement : <u>des exercices à corps libre</u>, faciles, amusants et ils ne coûte rien. Et donc les exercices à corps libre sont également utiles pour tes poches. Quoi de mieux que de faire des pompes dans le parc, ou une course dans les montagnes, ou une série d'abs confortablement sur le tapis à la maison? Beaucoup de tutorials vidéos que tu trouves sur Internet expliquent comment, sans beaucoup de choses et seulement avec ton corps tu peux obtenir des résultats égaux à ceux que tu peux obtenir dans un gym équipé. Oui, ...parce que le résultat qui est souhaitable obtenir ne sera pas celui d'un macho gonflée de stéroïdes, mais celui d'un athlète en bonne santé.

Les exercices du corps entier toi aideront à toi diriger vers cette direction, qui est également très apprécié par le sexe opposé... Et donc: évite de pomper les muscles jusqu'à ce qu'ils éclatent, mais concentrez-toi sur le bien-être physique d'un corps d'athlète. Concentre-toi sur la définition des muscles, la force, plutôt que les veines. Concentre-toi sur la proportion entre le poids corporel et la masse grasse et dans la proportion de formes. Et tout cela ne coûte rien: toi n'y as qu'à utiliser toi-même, la force de la détermination et la force gravitationnelle!

Tu peux commencer doucement, planifie déjà aujourd'hui. Prends quelque minute pour mettre en place ton esprit, se concentrer sur ton objectif, prendre le temps de méditer avant de commencer les exercices et une fois que tu as décrit ton objectif, faites-le! Commencer et continuer, avec persévérance sur une base quotidienne au moins quatre fois par semaine. Si tu peux le faire tous les jours tant mieux, mais ne pas exagérer! Ton corps a aussi besoin de repos. Et si, enfin, toi veux obtenir plus de masse musculaire, toi peux toujours prendre des poids à utiliser à la maison ; et donc sans dépenser beaucoup d'argent dans les gym ou les centres relax: avec moins d'une centaine de euro, tu trouves tous les indispensables pour les poids, haltères et elastiques.

La dernière chose est le sommeil: le sommeil est un élément fondamental pour le bien-être physique. Dorme-bien, dorme abondamment... 8, 9, ou aussi 10 heures par nuit. Il est bien connu que le sommeil apporte des avantages incroyables pour le corps et l'esprit aussi. Surtout après avoir fait une longue activité physique (la soir). Il faut des heures pour que votre corps se repose correctement. Soit sûr que ta chambre soit calme (si toi ne peux pas utilise des stop-bruit), éteigne les sources lumineuses et détacher tes yeux de vos smartphones au moins 30 minutes avant de se coucher. Ne reste pas attaché à la télévision en retard et prends de préférence un bon livre au tablet. Assure-toi que tout est parfait pour un long sommeil agréable! ... Ah, j'ai oublié, si après le déjeuner, environ 12:30, tu as le temps pour 10 minutes de sieste vas-y à le faire... c'est un remède pour tout!

2.2 Tes exercices

Tu te sens mieux? Tu te sens déjà régénéré? Tu te sens plus fort? **Bien!** ...alors le bon moment est venu d'ajouter à votre routine de bien-être aussi la formation. "*Il n'y a pas de vent favorable pour celui qui ne sait où il va*" disait Senaca... et en fait, c'est vrai! La première chose que tu doit mettre dans votre tête est ce que tu veux devenir, quelle direction prendre. La formation te feras un spécialiste dans une chose particulière: la fabrication, la Banque, la finance, la construction, l'agriculture, les relations internationales, les langues, etc. Il y a d'innombrables domaines dans lesquels se spécialiser, devenir un expert et tirer le meilleur parti de tes connaissances. Eh bien, il est temps de trouver le moyen de concentrer **votre TALENT**. Et si tu travailles déjà dans ce secteur particulier... continue avec la formation continue que sera le volant pour obtenir un rôle plus important, de respect et une meilleure remuneration.

Maintenant sur Internet comme dans les salles de classe il y a une multitude d'occasions d'apprendre. Lis et fais-ton de livres sur la gestion plutôt que sur ta industrie; ça sera utile comme avoir un diplôme à l'Université de Harvard. Il est constaté qu'une personne qui étudie, informe, écoute, teste et tente (même à défaut) obtient des résultats dans la vie plus hauts dans notre société, même sans avoir un diplôme.

Lire, informer, écouter des émissions d'intérêt et de culture; appuyer des livres audio; ensuite, vas à des séminaires et des cours de courte durée; reste à jour, étude et apprends. Il n'y a pas de meilleur investissement que dans votre formation... Cela te donnera une leve incroyable sur ton succès quotidien! "*Les leaders sont des lecteurs!*" est souvent dit... et donc: lire, lire, lire! Une liste de sources d'information gratuites pour approfondir votre champ peut être:

- Blogs, internet websites, tube channels, etc.
- Biblioteques, circles de lectures, "opendays" libraires, etc.
- Seminars gratuits, festivals, évents, etc.

...vraiment une liste infinie... vraiment beaucoup de sources! ...et toutes ces sources, tu les peux enrichir avec ta expérience personnelle, rend-les tiennes, intérioriser les connaissances et les réinventer de façon créative... à ta manière!

Si tu veux un itinéraire plus classique il y-a aussi des instituts de formation. Les écoles, les cours d'enseignement supérieur, les universités, les fondations universitaires, etc. sont toutes des institutions qui à la fin d'un itinéraire qui varie généralement de 2 à 5 ans, ils te permet d'obtenir un diplôme internationalement reconnu, également par le ministère de l'éducation. Mais ne toi concentrez pas trop sur le diplôme, axé sur le chemin qui te mène à ce diplôme. Le chemin sera la source de tes vastes connaissances et de ton savoir-faire spécifique. Ensuite, le diplôme, sera juste un petit "plus" pour te présenter devant tes interlocuteurs, le certificat de ton engagement d'études et d'apprentissage institutionnalisé. Mais le vrai valeur est ce que tu auras appris au cours de tes études.

Tu as déjà décidé quel secteur pour augmenter tes compétences? ... penses-y! Et commence aujourd'hui à parcourir les différentes sources d'information pour enrichir ton esprit et tes connaissances. Toi découvriras bientôt une immensité infinie de notions et de concepts à appliquer dans ta vie et pour ta entreprise réussie.

2.3 Ta activité

Eh bien, maintenant nous passons du gain passif c.-à-d. l'épargner, de l'investissement sur ton physique et la connaissance, au gain actif c.-à-d. l'activité. Ta activité professionnelle est la source des revenus que tu perceves, et donc ton pouvoir d'investissement. Plus votre revenu est grand, plus vos dépenses sont basses et, ainsi, plus tu peux investir dans ton domaine. Donc, essaye de maximiser les revenus dès que tu peux, et minimiser les sorties. Trouve-toi un emploi qui te permets beaucoup **...d'argent!** Et maximise tes compétences et rends ton rôle important. Crée une méthode, expérimente le méthode que tu as, fais-le-tien et continue toi à t'améliorer. Ton méthode deviendra bientôt une routine journalière, une règle à appliquer de façon cohérente et de persévérance jour après jour. Et.. tu seras un train qui marche dans une direction, en une seule voie... vers **le succès!** Le méthode sera ta locomotive que te consentes à voyager en pleine vitesse vers ton objectif de bien-être économique et d'indépendance financière. Continue à charger ton "train" avec d'autres activités, mais sans exagérer, pour t'enrichir à chaque nouvelle activité que tu accomplis.

Ton emploi, ton travail peut être de nature dépendante ou autonome. Dans le premier cas, il sera suffit de t'engager avec volonté, constance et persistance au pour une organisation, un'entreprise ou un'entité. Commence des niveaux élémentaires, apprends les "fondamentaux" de ton travail, puis ajoutez, sans exagérer, d'autres engagements, d'autres "tâches", d'autres activités. Construis **ton espace** au sein de cette organisation, entreprise ou entité. Montrez, de façon cohérente, une amélioration des termes qualitatifs et quantitatifs du ton travail. Cherche à devenir indispensable et fondamental pour cette organisation, entreprise ou entité. Assure-toi que sans toi tout ne marche pas bien. Prendre les rênes de certaines activités fondamentales et exécute à la perfection.

Oui, le secret est très souvent de 'tailler' ton propre espace, puis d'agrandir la sphère de tes activités et de tes fonctions complémentaires et connexes. Mais encore une fois: attention à ne pas exagère! Toi obtiendrez l'effet inverse! Donc, tirer le meilleur parti de la tâche qui t'ont assignée, d'une manière précise, ponctuelle et constante jusqu'à ce que tu arrives à la perfection. Puis aussi concentre-toi sur les tâches connexes, peut-être oublié par quelqu'un, le soi-dites "zones grises" où tu ne sais pas qui exécute cette activité.

Assume un rôle à 360°, bien relié et relié aux activités que tes collègues font. De cette façon, ton rôle initial deviendra de plus en plus un rôle "clé" et de coordination entre autres fonctions au sein de l'entreprise. Essaye, en d'autres termes, de ne pas travailler "compartimenté", mais de collaborer et d'accomplir les activités de connexion entre les différents domaines de travail. Essaye de t'assurer que tes collègues et tout le personnel conviennent que ta fonction est un pont, il est une clé de voûte dans l'organisation. Soit extrêmement utile pour la tâche spécifique que toi accomplisse, mais également utile pour d'autres activités auxquelles toi réfère. Une organisation est composée de multiples activités. <u>La tienne doit être indispensable.</u> Ce faisant, ton rôle passera d'un simple interprète à un coordonnateur-gestionnaire, avec des implications importantes en termes de salaire et donc de **GANIER**.

l'alternative... est de devenir un entrepreneur!

Si, au lieu de cela, tu préfére travailler pour toi-même, être autonome, être un self-made-man tu peux opter pour une activité entrepreneuriale. L'activité entrepreneuriale dans la longue période est celle d'une plus grande satisfaction en termes de salaire. En fait, la plupart des gens enrichés (soi-disant "riches") proviennent d'une voie entrepreneuriale, où leur activité apportée à des niveaux élevés lui a fait gagner beaucoup d'argent! Évite les systèmes de 'Ponzi', les systèmes pyramidaux et toutes ces choses comme "vendre à ton voisin ou à ton proches tel ou tel paquet financière"; première chose annoncée:

le marketing est la clé du succès pour tous ceux qui veulent travailler "pour lui-même". Construis ta propre image, construis ta carte de visite... publicise et vende au mieux que tu peux. Ce sera une première étape pour attirer tes clients. Deuxième chose, n'attende pas pour les clients... cherche-les! Vallées pour trouver, envoyer des demandes, utiliser des socials, utiliser des emails, utiliser des réseaux, des connaissances, des associations, des clubs, etc. présenté à tout le monde ton service, ton produit, ...<u>gracieusement et sympathiquement</u>. Présente-toi et faites-toi présenter et essaye de comprendre pourquoi ton interlocuteur a besoin de toi. Propose ta performance, ton produit, ton service si tu sentes que ton interlocuteur est vraiment intéressé par toi, mais oublie-le si toi voyes qu'il n'a pas besoin de ta offre. Ensuite, concentre-toi de plus en plus vers ceux qui sont prêts à te payer mieux, laissant les tranches de marché moins rentables à perdre.

Mais **attention** à ne pas tomber parmi les 'gaspilleurs de temps'. Rappelle-toi que plusieurs t'offriraient de devenir un millionnaire, un entrepreneur prospère, un super riche si tu coopère avec eux... mais la richesse facile qu'ils te offrent est en fait faux. Au lieu de cela, concentre-toi sur ta entreprise, de façon cohérente, pour atteindre un bien-être important, constant et durable tour toute ta vie. Dans le contraire, ceux qu'ils ont choisi de suivre d'autres "étranges" aventures de succès imaginaires et immédiat seront bientôt en conflit avec la réalité : réalisant seulement avoir perdu de l'argent et du temps. Ne perdre pas de temps avec d'autres choses, **il n'y a pas assez**! Ne perdre pas de temps sur les socials, mais utilise-les pour ta entreprise. Pense constamment à ta entreprise.

Concentre-toi sur ton objectif de faire de l'argent, de faire croître ta entreprise, de faire connaître autant de personnes que possible à quel point ta entreprise est utile... et tu verras comment même tes revenus vont croître exponentiellement. Réinvestisse, sur toi-même et ce que tu fais. Si alors, à un bon moment, tu ne seras pas en mesure d'effectuer toutes tes tâches seul, tu commenceras à avoir besoin des (valides) collaborateurs, un nouveau siège, un nouveau... petit empire! Mais ne monte pas ta tête: les plus grands succès sont construits au fil du temps, consolidant les expériences. Les bulles laisse-les à la finance. Tu dois continuer à concentrer sur ta entreprise en expansion. Choix bien les collaborateurs, les fournisseurs et les assistants et... eh bien, si tu es arrivé à ce point-ci, toute autre indications sont inutiles   ;)

Dernière chose: essaye de copier da les personnes qu'ils sont réussi alentour de toi. Copie... intelligemment! Peu importe le chemin que tu as entrepris, mais essaye de copier avec astuce, à "voler" les secrets de ceux qu'ont passé devant toi. AYEZ FAIM DE SUCCÉS!

CHAPTER 3
LE LUXE DES OBJETS

3.1 Ton garde-robe

Qui a dit "*l'habit ne fait pas le moine*"? ...conneries! C'est exactement le contraire. Et qui a dit que "qui est riche robe de créateurs de vêtements"? ...Il n'est pas vrai que les gens riches ont une armoire avec des vêtements signés par Gucci, Armani ou Versace. Sans préjudice des quelques milliardaires habituels, dont on ne soucions rien maintenant. Les riches, 10% plus riches sur la planète, jouit du luxe de l'élégance sans dépenser des milliers de euros sur des mocassins ou pour un pull-over. Alors, habillez-toi avec élégance, sobriété et "classe".

Habillé dans un style de sensibilisation; et oublie toutes les modes de passage. Des vêtements avec une sélection soignée qui peut également être trouvé dans le centre commercial, les grands magasins ou les hypermarchés. Évitez les petites boutiques chères. Et ne remplissez pas les choses qui finissent dans le placard pour les utiliser peut-être une ou deux fois. Concentre-toi sur l'essentiel et le classique, que tu n'as jamais besoin de changer pour utiliser tous les jours sans se fatiguer. Le soi-disant "sans-temps" est la meilleure stratégie pour éviter de chasser les modes frivoles qui n'enrichissent les coffres des sociétés multinationales et perdent du temps à trouver le dernier accessoire. Utilise ton temps pour d'autres choses. Utilise ton argent pour toi-même. Par conséquent, votre stratégie agira dans la direction opposée à la frivolité de la mode, toi faire **économiser** (= gagner) <u>beaucoup d'argent et de temps</u>.

Le modèle que je propose est celui de l'entreprise occasionnelle, qui va non seulement à te donner l'apparence d'une personne riche, mais aussi sera fructueuse en termes d'épargne, de salaires et... l'amour! Le garde-robe d'un homme créera cette image de bien-être si enviée. Ton garde-robe ne peut pas manquer de choses basilaires, qui sont (enfin) les **seules** choses dont tu as besoin...

MODÈLE	PHOTO	PRIX
6 chemises en coton		150 EUR
3 tirez sur la laine		95 EUR
3 pull en coton		70 EUR

5 polo t-shirt		45 EUR
1 veste Blazer bleu		85 EUR
1 pantalon couleur kaki		25 EUR
1 paire de jeans bleus		20 EUR
3 pantalon couleurs douces		75 EUR
1 costume bleu laine-Mix		245 EUR

1 costume noir laine-Mix		245 EUR
	TOTAL :	**1055** EUR

Pour les chaussures ne dépenser pas jusqu'à ce qu'ils soient utilisés à juste titre. Il peut suffire que 6 paires et deux pantoufles:

MODÈLE	PHOTO	PRIX
Chaussure en cuir marron "Derby"		95 EUR
Chaussure en cuir noir "Derby"		95 EUR
Baskets toile bleu		20 EUR
Daim marron "Polacchinis"		75 EUR

Chaussures de Running grises		65 EUR
Daim marron "mocassins"		50 EUR
Tongs en plastique noir		9 EUR
Pantoufles en toile noire		9 EUR
	TOTAL :	418 EUR

Pourquoi ces chaussures avec ces vêtements ils te rende riche? Le secret est de choisir l'appariement classique sobre. Ainsi que pour les vêtements, même les chaussures. Les chaussures et les vêtements te donneront un look causal-business juste pour chaque jour, à utiliser sans fatigant, mais surtout à l'utiliser chaque jour... Par conséquent, dans la garde-robe du gentleman moderne il ne devrait y avoir pas plus de vingt articles.

Et les sous-vêtements? Les sous-vêtements d'une armoire devront être <u>blancs</u>, qui d'un agréable sentiment d'hygiène et de propreté. Surtouts les sous-vêtements, toi dois essentiellement diviser par saisons: été, automne/printemps et hiver. Point. Les autres sont tous des modes qui essaient de te vendre les multinationales de la mode dans le but de te inciter à acheter ce modèle ou celui d'une prétendue mode en cours ou seulement parce que «les femmes aime comme-ça». Dernière chose sur la lingerie: jamais tu le dois voir dehors des vêtements. Pour cela, il est bon utiliser une abondante sans manches pour l'été et un col en V pour les autres saisons.

Enfin les accessoires, les objets spéciaux comme la montre, ceinture, cravate,... le touche essentielle de raffinement pour changer ton look dans une personne élégante. Aussi dans ce cas, toi n'as pas besoin de dépenser des chiffres, mais concentre toi sur les choses "sans-temps", un modèle que tu peux porter aujourd'hui comme dans 10 ou 20 ans sans problème. Tes éléments " sans-temps" seront...

MODÈLE	PHOTO	PRIX
Ceinture cuir semi-brillante marron		20 EUR
Ceinture noire en cuir semi-brillante		20 EUR
Montre de sport en métal		35 EUR
Montre plastique décontractée		55 EUR

Montre de sport en plastique		15 EUR
Cravate regimental		25 EUR
Cravate Club		25 EUR
Mouchoir en soie blanc		19 EUR
Gants en cuir marron		35 EUR
	TOTAL :	**249 EUR**

Une fois que les vêtements sont correctement utilisés, tu dois juste changer avec un pair identique, sans tracas pour chasser la dernière annonce. Fais attention à ce passage... en fait très souvent, nous voulons "changer", s'aventurer dans un nouveau look, différent,... mais c'est qu'une tentation! Continue à cultiver ton look casual-business (...à un prix abordable!) ...et même les gens autour de toi apprécieront ta **conscience** de tes choix de vêtements. Une sécurité qui n'est pas maintenant seulement dans la manière d'habiller mais est aussi intérieure, et n'est pas celle induite par la publicité. Et les effets seront également positifs dans votre activité professionnelle et... **sentimental!**

Mais quand tu feras les comptes n'oublie pas que les saisons pour faire des achats ne sont qu'un: pendant la période des SOLDES. Pourquoi dépenser plus lorsque tu peux économiser de l'argent?

3.2 Ta voiture

La voiture n'est pas seulement un moyen de transport pour l'homme riche. Mais c'est un "jeux", un "plaisir", un souhaitable "sin". L'homme aime les moteurs, le son de ce " jeux" qu'est un plaisir de posséder qui va au-delà d'être un simple moyen de transport, un objet utile pour le travail et le transport autonome. La voiture est un **luxe** et un **vice**, et en tant que telle doit être satisfaite de la meilleure façon. Mais quel genre de voiture toi convient pour tirer le meilleur parti de la conduite, avec le minimum de coûts et donc, avec le maximum d'économies?

Attention, doit être déplacé vers les voitures de sport. Un sacrifice touche à accomplir, le confort,... mais ce n'est presque jamais en ligne avec l'esprit sportif. Et puis, nous serons également heureux de s'asseoir sur un trois-porte qui nous donne tout le regard et le grain des voitures de sport, ou sur une décapotable du segment B, ou sur un Super Sport du segment C (parfois appelé "voiture exécutive compacte"). Mais nous n'irons pas plus loin, afin de ne pas retomber dans le "maladroit", "surdimensionné" et... "heavy"! ...et souven-toi également du contexte des villes européennes et des routes où il n'y a pas d'espace et de stationnement.

Ensuite, oubliez ces hybrides "monstres" entre un pick-up et une voiture compacte, ou ceux entre un minivan et un wagon de station, ou même ceux entre un minibus et un'autre chose...

La voiture doit cependant éveiller la sobriété et un soupçon d'élégance... Henry Ford a dit "les gens peuvent choisir n'importe quelle couleur pour la Ford T, du moment que c'est noir "...et la norme a été préservée au cours pendant les siècles comme une couleur de sobriété et d'élégance. Il sera donc évité toute d'autres colorations qui n'est pas noir ou... blanc! Oui, parce que toutes les autres couleurs vieillissent bientôt, et que le temps passe par (ou de la mode), il sera également baisser la valeur de votre automobile.

Je laisse la choix si toi d'acheter neuf ou d'occasion, mais... de savoir qu'un bon utilisé est équivalent à la nouvelle. Laisse les voitures utilisés par des entreprises, ou les voitures avec beaucoup de passes de propriété, ou ceux avec plus de dix ans, même si neuf. Obtiens un bon utilisé avec quelques kilomètres, moins de 50'000. Il n'y aura pas tant de différences et les économies que tu peux investir sur les accessoires et l'entretien.

Comme une indication, je propose 5 modèles de sport, élégant et accessible à ton portefeuille,... qui te donnera ce «extra» de la classe, un peu de luxe pour l'amour du moteur!

MODÈLE	PHOTO	PRIX
Alfa Romeo Giulietta blanche		24'500 EUR
Volkswagen Golf noire		23'500 EUR
SEAT Leon blanche		24'750 EUR
BMW Serie 1 noire		24'650 EUR
Mini Cabrio noire		25'300 EUR
	PRIX MOYEN :	24'340 EUR

Préfère ensuite la couleur noire pour les intérieurs ou un rouge sportif. Les intérieurs noirs ou les nuances gris foncé sont beaucoup moins susceptibles d'être sale que d'autres couleurs, mais si tu veux donner une touche d' "agression sportive", les intérieurs devraient être de rouge foncé. Excellent facultatif sont également les feux de brouillard ou les autre teintés... doit être évalués au cas par cas. Dernière chose (fondamentale): le changer...

...il doit être manuel...

Ensuite, pour la puissance du moteur, plus tu aimes le grand son, plus sera de dépenser. Mais attention à ne pas exagérer... gagner est synonyme d'économiser! Mais quel est le coût annuel? Eh bien,... si nous calculons une dépréciation de 5-6 ans (plus juste ne pas le garder, surtout si déjà utilisé par un second propriétaire) le coût sera d'environ 5'000 EUR par an.
PS... j'ai oublié... surtout PAS de voitures asiatiques, en particulier les chinois ou les Indiens... non, s'il te plaît, DEFENIMENT pas! La tradition de la voiture de sport est dans le monde occidental.
Merci.

3.3 Ta « home sweet home »

Il y a celui qui rêve de la maison hollywoodienne, il y a celui qui rêve du château,... mais pourquoi dépenser un bateau d'argent à débourser et débourser encore quand la plupart du temps que tu es à la maison est pour dormir? ...un bonne question, eh?! **Oui**, en fait la plupart du temps qui tu passes à la maison est pour le repos: dormir, manger, se coucher sur le canapé, se doucher et... dormir, manger, se coucher sur le canapé, se doucher,... Alors pourquoi avoir une maison de 200, 300 ou 400 mètres carrés avec un piscine lorsque tous ces mètres carrés toi ne les utiliserez jamais (à moins que toi donner à un service d'hébergement)?
La manie de la grandeur, la manie de la maison de luxe hollywoodienne, la manie du loft de footballeur super-riche. Tout ce lavage de cerveau roulés dans

votre tête qui veut te laisser croire en étant riche, vivre dans le luxe équivaut dans le grand et coûteux doit être mis dans la poubelle. Le vrai riche, le riche trouve son luxe un appartement confortable en ville. Avec un appartement tu sera tranquillement au centre de ville, juste de descendre au rez-de-chaussée et toi te trouveras déjà au cœur de la ville, sans penser à des déplacements longs et dépendants.

Un appartement est la meilleure solution pour celui qu'il veut économiser les coûts de chauffage, frais généraux, entretien, etc. Tout en ayant tout le confort d'une maison propre. Ensuite: concentre-toi sur cet objectif et laisse perdre toutes les solutions plus chères telles que les villas et les maisons de campagne (très souvent pour être remis en rénovations et modernisés). Prends un appartement confortable dans la ville, qui, d'ailleurs, te fera épargner la consommation de la voiture pour les voyages. L'appartement te donnera moins de problèmes et moins de tracas de l'entretien, le nettoyage, le renouvellement, etc. et ainsi tu gagneras du temps et de l'argent en se concentrant sur tes investissements.

Au lieu de dépenser chaque jour 1 heure pour le nettoyage, les petites réparations, le remplacement de ces meubles si obsolètes que tu as à l'entrée, ou les rideaux qui t'ont donné pour les utiliser au lieux d'autres. Même si tu auras un bien proportionné appartement, au lieu d'un grand château, mais soigneusement maintenu, la maison et tout l'argent que tu épargne sera bon pour d'autres investissements.

Par contre, si tu veux rester loin de la circulation urbaine, la quantité de smog et le chaos typique des villes locales, alors je te recommande un beau chalet dans les premières alentours urbains. Oui, pas trop loin des centres villes et pas trop proches aux campagnes perdues. Je veux dire... trouver le bon compromis! Faites ta belle maison parmi le verte pour rester loin des voisins ennuyeux, essaye de choisir des solutions et des matériaux qui n'augmentent pas les coûts et ensuite évite les grands jardins... perdra du temps à faire le gradin au lieux d'autres choses beaucoup plus importantes!

Les maisons individuelles ont l'avantage que toutes les dépenses sont directement contrôlées par toi et donc il sauvera les longues quarts pendant les réunions de copropriété. De plus, toi n'y as pas les codominances ennuyeux qui contrôlent ce que tu fais du matin à la soir. Mais... les dépenses augmentent (!) par rapport à la vie dans un appartement bien proportionné au centre-ville. Alors faites les calculs bien et ne choix pas un maison trop grand. Modération et garder un œil sur les finitions,... C'est le secret si tu aime rester indépendant sans dépenser un chiffre chaque année entre les impôts, les déchets, l'entretien, etc. que tu dois savoir seront tous sur votre charge.

Les maisons des premières périphéries peuvent être facilement trouvées aux mêmes prix par mètre carré d'un appartement au centre-ville mais je te suggère de voir quelques pas encore construits, ou plutôt, construits sur le papier. De nombreuses entreprises vendent les logements avant de les faire, à un prix subventionné à la suite d'une anticipation forfaitaire. De cette façon, le prix de votre maison sera **réduit**. Mais faites attention de ne pas tomber dans les petites (ou grandes) entreprises qu'elle te peuvent arnaquer: sois-toi bien informé, demande aux autre d'opinions, fais une investigation à ceux qui vivent dans des palaces déjà construits par la société-la, essaye de comprendre comment elles fonctionnent et leur solidité financière. Bien informés sur les garanties bancaires de la société, les coûts supplémentaires des finitions spéciales et autres 'jeux'. Mais, si tu ne voulez pas risquer trop d'archer un projet sur le papier, et tu ne sentes pas sécure, acheté une bonne habitation déjà habitée mais pas trop vieux. De préférence ta maison ne devrait pas avoir plus de 40 ans depuis la dernière rénovation. C'est un point fondamental pour éviter "surprises". Cependant, je répète une fois de plus: les maisons individuelles sont un grand luxe, mais fait attention aux dépenses qui sont tous à ta charge.

CHAPTER 4
LE LUXE DU TEMPS-LIBRE

4.1 Tes vacances

Donc, nous sommes arrivés dans l'argumentation du loisir, ce petit **luxe** que seuls quelques-uns se peut permettre. Oui, parce que les vacances signifient que tu as un (bon) travail. Les vacances sont un **luxe** de ne pas lui mettre à l'excès. Les vacances sont le repos bien mérité que tu mérites. Les vacances sont le moment où tu te détaches de ta occupation pour recharger tes énergies. Les vacances sont un vrai luxe, incontestable à ce sujet.

Essaye de profiter pleinement de ce moment de pause de ta activité récurrente. Essaye d'éviter chaque engagement dans les travaux ménagers, des choses ou d'autres choses. Débranche ton esprit et nourrisse-toi avec une nouvelle énergie. IL EST FONDAMENTAL. Il est en effet noté par de nombreux auteurs comme un moment de pause, de réflexion et de repos total est jovial pour le bien-être, la santé et la relaxation mentale. Permette-toi donc de te détendre, de libérer ton stress sans penser à rien, que à ton bien-être.

Pour les vacances il y a beaucoup de choix, dans de nombreux endroits, mais quel endroit choisir? Eh bien, tout d'abord je te suggère d'éviter les périodes de masse telles que août et les vacances de Noël, où il y a un flot de gens qui affluent et se noient pour prendre un parapluie ou de boire un chocolat chaud au bar. Essaye donc d'éviter les périodes de pointe, où tout est plus cher et la qualité descend.

Et donc... SOYÉ ASTUCIEUX! Essayez d'atteindre ta destination idéale dans les moments de **basse saison**, où toi peux profiter des beautés de l'endroit mais, en même temps, d'épargner évitant de gaspiller l'argent. Pourquoi payer un double parapluie? Pourquoi payer le double un hôtel? Pourquoi rencontrer le voisin détesté à la distance d'un parasol de toi? **Évite!** Essaye d'éviter les règles et les longues files d'attente à l'autoroute. Jamais pire est l'accumulation d'autres stress de vacances. Alors sois malin, sois astucieux... Recherche la perle rare au moment du calme à la fin ou en début de saison, loin d'autre chaos.

Ensuite, si tu peux, essaye de trouver des vacances qui enrichi. Il y a beaucoup de belles destinations aussi dans les villes d'art, ou dans les parcs de montagne. Essaye de voir les **destinations "alternatives"**. Ces sont une belle découverte et ils peuvent toi sauver même beaucoup d'argent parce que tu ne le jette pas. Alors, essaye de choisir la montagne au lieu de la mer d'été, ou une ville d'art à l'automne plutôt que les pistes de ski en hiver, ou une nouvelle année dans ce hameau près de la maison plutôt que fatigué dans les contrôles douaniers, encombrants bagages, de longues heures d'attente dans l'espoir d'atteindre le plus expérience des plages tropicales accessibles seulement à la distance de l'avion.

Et aussi jette un œil à la mini-voyages qui toi attraper un week-end ou plus. Peut-être ajoute un ou deux jours de vacances et transforme ton long week-end en une vrai (mini) vacance. Souvent, tu oublie des endroits à quelques miles de la maison, des perles rares qui peuvent encourager votre humeur et sauver ton portefeuille. Fermes, châteaux, villages médiévaux, voyages culinaires, visites de musées... et on peut ajointe des autres. C'est le tourisme à "km 0" qui est facile, mais il peut être une agréable surprise, sans prendre l'avion, sans prendre la croisière. Alors, pourquoi ne pas essayer? ...tu économise beaucoup d'argent pour une relaxation égale.

Et puis il y a toutes les autres solutions à **bas prix** tels que B&B, Guest-House, campings, caravane, campeur, etc. ... Les solutions pour les économies sont vraiment infinies. Essaye d'obtenir un «petit paradis» sur Internet avec l'attention et toujours la lecture des commentaires des utilisateurs et qui a été. Les commentaires en fait sont un excellent moyen de comprendre si l'endroit en vaut la peine. Ne te laisse pas berner par des photos et des descriptions que tu trouves sur le site de cet hôtel ou de ce restaurant. Soi intelligent, soi astucieux... essaye de comprendre ce qu'est vraiment derrière un lieux. Très souvent, toi peux également trouver des compagnons de voyage sur internet, puis à la recherche de "voyage ami" pour évaluer et découvrir de nouveaux endroits avec un passionné de voyages. Tu auras de l'aide de vos amis pour mieux évaluer un lieu. Puis, si tu peux, apporte tes affections... ne peut pas être mieux que cela!

...alors, joyeuses fêtes!

4.2 Tes amis

Les amis doit être nombreux et précieux. Surtout quand ils peuvent te présenter d'autres amitiés importantes pour créer votre groupe de force consolidée. Les amis peuvent être un allié très utile dans votre travail. "L'union fait la force" est souvent entendu, même si il serait plus correct de dire "*les amis toi rend plus fort*". Oui, parce que les amis peuvent aussi être proches de toi dans les moments plus difficiles et il ne sons opportunistes.

Par conséquent, construis ton propre groupe d'amis et essaye de gérer la dynamique en son sein. Tu ne dois pas avoir peur de commettre des erreurs, ainsi restera toujours entre les amis. Et c'est un vrai bon exercice aussi pour pouvoir gérer les relations en général (clients, collaborateurs, etc.). Amis en qui tu peux avoir confiance et ils le perçoivent, rester en tranquillité. Et puis,... tu peux tranquillement avoir une saine conversation qu'avec les amis. Cherche des occasions de rencontrer de nouveaux amis et des gens pour augmenter votre confiance envers les autres. Sache comment te faire aimer et gagner l'amitié des autres... te peux revenir **très utile!** Ce faisant, tu apprends à gérer les gens non seulement dans les frivolités de la vie quotidienne, mais aussi sur le lieu de travail.

Tu peux également cultiver des amitiés dans des clubs prestigieux tels que le Rotary, Lyons, Round Table, etc. dans lesquels les amitiés sont bien liés avec les travaux et des activités de service aux communités. Ou des associations de nature plus locale, comme l'association de ton quartier ou de ta région pour consolider tes relations dans le territoire et dans le voisinage. Ou même des cercles culturels, musicaux, de peinture, de lecture, etc. etc. etc. La liste est vraiment très large et sûrement, d'après votre passion, tu trouveras un groupe dans lequel cultiver tes amitiés et aussi tes PASSIONS. Regarde. Regarde encore …combien est utile avoir des amitiés. Rien de plus facile. Ensuite, ces amitiés te permettront à ouvrir d'autres portes, à l'introduction d'autres personnes et situations qui seront également utiles dans votre activité professionnelle. Utilise-les! Utilise tes amitiés, tes réseau d'amis pour grandir toi-même et aussi ta entreprise.

Enfin, n'oublie pas le puissant «moulin» qui peut être les amis. **Rigole, rigole, amuse-toi**. Les experts ont constaté que ceux qui rient de plus augmente le niveau de l'estime de soi-même, la capacité de supporter la douleur, de faire face aux défis de la vie quotidienne. Le rire aide le cœur, pour détendre les muscles, le cerveau et les poumons. <u>Rire</u> est vraiment un remède pour tout! Parmi les différentes choses qui est bon rire est aussi la stimulation du sommeil, l'exercice physique des muscles faciaux, l'amélioration du diaphragme, la stimulation antidépresseur, l'abaissement de la pression artérielle, l'augmentation des endorphines et même le renforcement général du système immunitaire. Donc...

RIEZ avec vos amis.

4.3 L'amour

Et nous voici au dernier chapitre très important. Amour! Oui, parce que l'amour est parmi ces choses importantes qui doivent être dans **ta vie**. Ne néglige pas les affections pour le succès, ne néglige pas tes partenaires pour quelques centaines d'euros de plus. Trouve le bon équilibre et trouve ta âme proches avec laquelle tu peux partager tes réussites. Elle sera toujours avec toi et te donnera une force incroyable dans la poursuite de tes projets et de ta entreprise. Une force <u>spéciale</u>. Alors essayez de n'oublie pas ta moitié douce, mais dites-lui <u>merci</u> pour ton succès. Remercie-les pour la force qui tu transmets. Soit reconnaissants pour l'énergie POSITIVE que te transmets. Cela te sera utile dans ton travail, dans ta fabrication quotidienne, dans les défis que tu fais.

Renforce ta relation avec ton partenaire, essaye de trouver le bon feeling pour mener une vie stable et durable avec elle. Essaye de trouver une sérénité ensemble, que la bonne pincée de complicité qui peut faire de ta "elle" un pilier réel et important de ta journée. Quelques petites choses suffisent, de petits gestes pour parvenir à une relation de confiance mutuelle, où toi peux être confiant sans avoir aucun doute à ce sujet. Cela va encourager votre vie et toi rendre plus fort que beaucoup de gens qui sont abandonnés à eux-mêmes.

Tu n'as pas encore trouvé ta doux moitié? Qu'est-ce que t'attends?! Si tu es toujours un single regard pour ta doux moitié dans des environnements culturels proches de toi. Essaye de comprendre qui pourrait être complémentaire à toi. Essaye de comprendre ce qui est la petite chose qui le rendra spécial! Cherche quelqu'un qui te donneras quelque chose de fondamental pour toi en retour.

Souvent l'amour est l'amitié, mais aussi un échange de petites choses, de pensées, d'idées, d'émotions qui se compensent mutuellement. Essaye donc de trouver la personne qui récompense tes lacunes pour te rendre PLUS forte, dans la vie quotidienne. Elle sera ton "engine" qui te fera sentir bien-aimé. Sûrement tu es déjà en attente dans ce local habituel que tu fréquentes, ou entre les bureaux de l'immeuble en face, ou il sera juste à l'arrêt de ce bus que toi ne prenne jamais... Ta douce moitié te le reconnaissais tout de suite: elle te compense et te rend fort pour affronter tous les défis qui tu interpellaient chaque jour. Ensemble, c'est mieux.

CHAPTER 5
COMME FAIRE DE ...L'ARGENT!

5.1 Memo pour la personne riche

Lire, encore et encore ce petit manuel. Peut-être que tu as manqué des choses ou tu peux les revoir sous un autre point de vue... Si tu crois que ce manuel il été vraiment utile, ou si tu veux partager cette expérience avec un'autre personne proche de toi, alors il sera suffi de suggérer ce petit livre, ce petit guide pour la réussite économique et l'indépendance financière. Et tu le sait: il n'existe pas plus belle chose de partager les bonnes expériences de vie!

"Rappelle-toi que économiser = gainer. Rappelle-toi que tu as déjà toutes les compétences pour toi réaliser. Rappelle-toi, que tu as juste besoin d'obtenir une poignée sur ce que tu as. Rappelle-toi que tu es un champion. Souvienne-toi, toi es riche. Souvienne-toi du luxe. Souvienne-toi de la persévérance. Souvienne-toi de la constance. Souvienne-toi de la croissance. etc. "...et répète ces phrases à toi-même tous les jours. Répète les phrases qui t'ont aidé à te sentir bien. Répète-les jusqu'à ce qu'ils fassent partie de ton faire. Un rappel pour toi-même et un bon exercice à ne jamais renoncer dans le processus de votre bien-être. Un bon exercice est précisément celui lié à la répétition aux "*must*" de la vie. Il n'y a pas, comme plusieurs fois dit, "potions magiques", mais seulement toi-même et ce que toi peux faire à partir des ressources que tu as déjà en toi-même. Maintenant, toi sais comment utiliser ces ressources, comment tirer parti de tes ressources... continuer à pratiquer, jour après jour, ce que tu as appris. Un luxe réservé pour quelques...

Puis approfondis, lis, discute avec tes amis de leurs expériences de croissance. Ne pas exagérer et ne jamais faire voir que tu es devenu un ultra-riche. Tu tomberas dans le ridicule, et les autres s'éloigneront et tu auras l'effet inverse de ce que tu recherches. Le bien-être est agréable quand il a été réalisé avec un processus de croissance sain, respectant tes temps. Donc, je recommande la modération pour une croissance plus solide et durable. Tu verras que la richesse que tu as accumulée est disponible qu'à quelqu'un. **Un luxe**. Respecte ce nouveau statut. Grandir, fortifier, devenir riche en restant toujours conscient du contexte, de l'environnement, du monde qui t'as donné cette occasion **spéciale!**

5.2 Le succès finale

Eh bien, si tu as appliqué tout ce que j'ai écrit, tu as probablement remarqué une amélioration de ta vie. Maintenant, tu es physiquement plus fort, plus fort, plus capable, avec plus d'amis et plus d'argent, mais toujours préserver ta intégrité! ... Bienvenue au bien-être! ... Bienvenue au **luxe**! Sans perdre ta dignité, tes valeurs ou ta honnêteté. Rappelle-toi que tu peux grandir, même sans duper les autre. Rappelle-toi que toi peux grandir fermement avec la volonté et l'application. Sympa, eh? ... personne ne t'as jamais dit ça avant! MAIS... maintenant tu le sais!

C'est un long chemin qui ne finit jamais. En fait, ne te bloquer pas devant les obstacles mais persévère à la perfection de toi-même. L'argent fait d'autre argent, ...car la détermination est fondamental. Tu n'as qu'à continuer à récolter les fruits de tes engagements. Tu peux également regarder où toi as commencé à voir d'où tu es venu, jusqu'où tu as voyagé et combien tu peux encore marcher. Le chemin que tu as entrepris n'est qu'une longue marathone et à chaque pas que tu fais tes tendons, tes muscles, ton esprit se renforce.

Sûrement tout le chemin que tu as fait pour t'optimiser a également conduit à une grande quantité d'économies et d'argent. Eh bien, c'est tout simplement le fruit du sacrifice et la capacité d'exploiter et d'optimiser ce que les circonstances te donne. Et voilà! Bon! Bravo! TU AS BIEN FAIT! ... continue et n'abandonne jamais! Jamais! Jamais! ... pour que un vrai homme ne quitte son chemin... et **bienvenue!** Bienvenue au club privilégié de le 10% plus riche de la planète...

Sites internet utiles et de plus encore...

[1] https://www.ilsole24ore.com/art/tecnologie/2012-05-18/mark-zuckerberg-fosse-nato-162339.shtml

[2] https://www.bintmusic.it/divario-ricchi-poveri-mondo/

[3] https://www.adnkronos.com/lavoro/cerco-lavoro/2016/05/20/delle-opportunita-lavoro-nascosto-piu-del-conta-networking_4y206FWAo1ZJ60VRnTgHOJ.html

[4] https://www.soisy.it/costi-nascosti-un-costo-opportunita/

[5] https://consiglibenessere.org/dieta/

[6] https://www.my-personaltrainer.it/BMI_FM.htm

[7] https://www.ideegreen.it/quanta-acqua-bere-37330.html

[8] http://www.blogdelbenessere.it/post/1105/aumentare-la-massa-muscolare-a-corpo-libero.html

[9] https://lifelearning.it/corsi-online-gratuiti

[10] https://liberliber.it

[11] https://it.wikipedia.org/wiki/Audiolibro

[12] http://www.leitv.it/benessere/vita-da-ufficio-10-regole-per-sopravvivere-ed-essere-felici/

[13] https://intraprendere.net/2662/come-diventare-imprenditore

[14] https://aforisticamente.com/2014/10/10/frasi-citazioni-e-aforismi-su-eleganza/

[15] https://www.allaguida.it/articolo/acquistare-un-auto-nuova-cosa-fare-e-consigli-10-errori-da-non-commettere/122407/

[16] https://www.homeexchange.it/blog/5-consigli-per-ridurre-i-costi-dellaffitto-della-casa-in-vacanza/

[17] http://www.informagiovaniroma.it/citta-e-tempo-libero/approfondimenti/volontariato/il-volontariato-in-italia

[18] https://www.riza.it/psicologia/coppia-e-amore/2402/l-anima-gemella-come-riconoscerla.html

[19] https://www.greenme.it/yoga/7878-yoga-tutti-benefici

www.ingramcontent.com/pod-product-compliance
Lightning Source LLC
Chambersburg PA
CBHW040242220526
45473CB00001B/342